BEI GRIN MACHT SICH IHR WISSEN BEZAHLT

Bibliografische Information der Deutschen Nationalbibliothek:

Die Deutsche Bibliothek verzeichnet diese Publikation in der Deutschen National-
bibliografie; detaillierte bibliografische Daten sind im Internet über http://dnb.d-
nb.de/ abrufbar.

Impressum:

Copyright © 2015 GRIN Verlag, Open Publishing GmbH
Druck und Bindung: Books on Demand GmbH, Norderstedt Germany
ISBN: 9783668222656

Dieses Buch bei GRIN:

http://www.grin.com/de/e-book/323103/asymmetrische-informationsverteilung-
auf-dem-nachhilfemarkt-instrumente

Dustin Lehmann

Asymmetrische Informationsverteilung auf dem Nachhilfemarkt. Instrumente der Unternehmen zur Überbrückung

GRIN Verlag

Fakultät für Sozialwissenschaft

Gibt es asymmetrische Informationsverteilung auf dem Nachhilfemarkt?

Name: Dustin Lehmann
Seminar: Bildungsökonomik

Bochum, den 02. Oktober 2015

Inhaltsverzeichnis

1   Einleitung...3

2   Der Nachhilfemarkt...3

3   Das Prinzip der asymmetrischen Informationsverteilung..........................6

4   Das Problem der asymmetrischen Informationsverteilung auf dem Nachhilfemarkt
7

5   Werkzeuge und Anbieter 8

    5.1   Studienkreis (ohne Tutoria)..8

    5.2   Schülerhilfe 9

    5.3   Abacus..10

    5.4   Tutoria 11

6   Fazit..11

Quellenverzeichnis 12

Abbildungsverzeichnis..13

1 Einleitung

Der Begriff „asymmetrische Informationsverteilung" aus der neuen" Institutionenökonomik",
beschreibt Situationen in denen einer der Vertragspartner mehr relevante Informationen für einen etwaigen Vertragsabschluss besitzt als der andere. Der Nachhilfemarkt dürfte als Markt mit
einer klassische Auftraggeber und Auftragnehmer Rollenverteilung ein Markt sein, auf dem
asymmetrische Informationsverteilung besteht. Durch das Aufkommen von kommerziellen Anbietern mit dem Interesse an langfristigen Verträgen wäre davon auszugehen, dass das Problem
der asymmetrischen Informationsverteilung dazu führen könnte, dass langfristige Verträge
nicht abgeschlossen werden. Sollte dieses Problem sich tatsächlich wie beschrieben zu erken-
nen geben, dann müsste es auch Werkzeuge der Anbieter geben um dieses Problem zu umgehen, um trotzdem zu Vertragsabschlüssen zu kommen. Ziel der Arbeit soll es daher sein zu
überprüfen und ob und in welcher Form asymmetrische Informationsverteilung zwischen dem
Nachfrager und den kommerziellen Anbietern auf dem Nachhilfemarkt zu beobachten und zu
untersuchen, ob die Anbieter Werkzeuge einsetzen um trotzdem zu Vertragsabschlüssen zu ge-
langen.

2 Der Nachhilfemarkt

Der Nachhilfemarkt hat sich in den letzten Jahrzenten kontinuierlich dahingehend weiterentwi-
ckelt, dass kommerzielle Anbieter vor allem in den letzten 20 Jahren stark an Bedeutung gewonnen haben. Während es Mitte der 80er Jahre noch etwa 800 kommerzielle Nachhilfeschulen
gab, schätzt man die Zahl mittlerweile auf 3000-4000 (Dohmen u.a., 2008, S. 53). Letztere Zahl
stammt vom Bundesverband Nachhilfe- und Nachmittagsschulen, welche den Anteil kommer-
zieller Schulen am gesamten Nachhilfemarkt auf etwa 30 Prozent schätzt (vgl. ebd.). Neben
vielen kleinen und meist regional tätigen Anbietern stechen vor allem die beiden großen Anbieter Studienkreis und Schülerhilfe hervor, die Schätzungen zur Folge 15 Prozent Marktanteil
am gesamten Nachhilfemarkt und somit 50 Prozent des Marktes für kommerzielle Anbieter auf
sich vereinen (vgl. ebd.). Die einzelnen Standorte werden als Franchiseunternehmen geführt,
was auch bei vielen weiteren überregional agierenden Nachhilfeunternehmen der Fall ist. Die
beiden Unternehmen konnten seit ihrer Gründung in den 80er Jahren von ungefähr 300 Filialen
auf mittlerweile etwa 2100, wie auf den jeweiligen Unternehmenswebseiten nachzulesen ist,

ein beachtliches Wachstum verzeichnen (vgl. ebd.). Stiftung Warentest geht von circa einer Milliarde Marktvolumen aus und der Umsatz der beiden Marktführer wurde vor circa acht Jahren auf etwa 150 Millionen Euro geschätzt (vgl. ebd. S.54). Durch flächendeckende Werbemaßnahmen in den letzten Jahren sollte dieser heute sogar noch höher liegen. Es gibt jedoch noch viele weitere Marktanalysen, die alle unterschiedliche Zahlen angeben, was einer gewissen Undurchsichtigkeit des Marktes geschuldet sein dürfte. Insgesamt erhielten laut Shell Jugendstudie aus dem Jahre 2002 und 2006 circa 50 Prozent der Schüler und Schülerinnen während ihrer Schullaufbahn Nachhilfe und rund 23 Prozent aller Schüler bezogen aktuell Nachhilfe als außerschulische Lernförderung (vgl. ebd. S.22). Die Pisa Studie aus dem Jahr 2000 wiederum gibt an, dass etwa ein Drittel der Schüler und Schülerinnen der neunten Klasse Nachhilfe bekamen (vgl. Schneider, 2004, S.3). Eine repräsentative Umfrage von „*Synovate Kids+Teens*" und dem Bundesverband „*Nachhilfe- und Nachhilfeschulen e.V.*" aus dem Jahre 2007 kam zu dem Ergebnis, dass 12 Prozent der Kinder zwischen sechs und 18 Jahren zum Befragungszeitpunkt Nachhilfe in Anspruch nahmen. Noch einmal 12 Prozent bekamen bereits in der Vergangenheit Nachhilfeunterricht, jedoch nicht zum Befragungszeitraum. Unterteilt man das Alter und die Schulform der Kinder, dann haben 15 Prozent der Gymnasiasten und Hauptschüler und 16 Prozent der Realschüler und sechs Prozent der Grundschüler (vgl. Klemm und Klemm, 2010, S. 14) zum Zeitpunkt der Befragung Nachhilfe bezogen. Die nachstehende Grafik zeigt die Inanspruchnahme von Nachhilfe in den Bundesländern.

Inanspruchnahme von Nachhilfe in der Primarstufe und den Sekundarstufen in den Bundesländern

Angaben in Prozent.

Abbildung 1 Inanspruchnahme von Nachhilfe nach Bundesländern

Der internationale Vergleich zeigt, dass die Inanspruchnahme von Nachhilfe in Deutschland (gemessen an Schülern im Alter von 15 Jahren) unter dem OECD Durchschnitt von 26 Prozent liegt, aber weit über manchen anderen Staaten wie Finnland mit nur 2,4 Prozent (vgl. Klemm und Klemm, 2010, S. 8).

3 Das Prinzip der asymmetrischen Informationsverteilung

Im Folgenden soll das Prinzip der asymmetrischen Informationsverteilung kurz erläutert werden, um dann zu untersuchen, in wieweit sich dieses im Bereich der Nachhilfe zeigt.

Asymmetrische Informationsverteilung liegt dann vor, wenn ein Marktteilnehmer bei einer geplanten Interaktion mit einem anderen Marktteilnehmer über Informationen, beziehungsweise Informationsvorsprünge verfügt, die der andere nicht hat, beziehungsweise, die der Andere nicht haben kann (Kräkel, 1999, S. 20f.). Die beiden Vertragspartner lassen sich nicht nur nach ihrem Informationsstand, sondern auch nach ihrer Rolle unterscheiden, die ihnen in der zu betrachtenden Marktbeziehung zukommt. Unterschiedet man bei einem Kaufvertrag noch zwischen Käufer und Verkäufer, so nennt man die Interaktionspartner bei einer Auftragsbeziehung *Prinzipal* und *Agent*. Hierbei ist davon auszugehen, dass der *Agent* die besser informierte Person ist (ebd., S. 21). Als Beispiel kann man den Arbeitnehmer (*Agent*) nennen, der bei einem Bewerbungsverfahren auf eine Arbeitsstelle eine genaue Vorstellung von seinen Qualifikationen besitzt, während der *Prinzipal* seine Informationen nur ungenau aus etwaigen Zertifikaten und den Aussagen des Agenten ziehen kann. Es gibt unterschiedliche Formen von asymmetrischer Informationsverteilung. Zum einen die *hidden action* und zum anderen die *hidden information*. Bei der *hidden action* hat der Agent Handlungsalternativen, die dem Prinzipal nicht beobachtbar sind. Bei der *hidden information* hat der *Agent* Informationen über sich selbst oder entscheidungsrelevanter Zustände, die der Prinzipal nicht hat (ebd., S.22). Wenn der Agent nun nach Vertragsabschluss eine Handlungsalternative wählt, bei der er sich opportunistisch verhält, dann spricht man von *moral hazard*. Dies ist zum Beispiel der Fall, wenn ein Fußballer nach Vertragsabschluss kein Trainingseinsatz mehr zeigt uns seinen Vertrag „aussitzt". Ein typisches Folgeproblem von *hidden informations* ist die sogenannte *adverse Selektion*. Dies beschreibt den Prozess, dass qualitativ höherwertige Güter nicht gehandelt werden, obwohl es eine beidseitige Tauschbereitschaft gibt, da die Qualitätsunterschiede zum günstigeren Gut nicht im Voraus ersichtlich sind.

Im folgenden Kapitel soll untersucht werden, ob die beschriebenen Modelle auch auf dem Nachhilfemarkt in der Beziehung zwischen Nachfrager und Anbieter zum Tragen kommen.

4 Das Problem der asymmetrischen Informationsverteilung auf dem Nachhilfemarkt

Auf dem Nachhilfemarkt können wir in der Theorie ein Paradebeispiel für asymmetrische Informationsverteilung finden. Die Nachhilfeunternehmen sind hier die *Agenten* und die Nachfrager, also die Auftraggeber die *Prinzipale*. Da es für den Beruf Nachhilfelehrer keine Ausbildung sowie keine formelle Grundlage gibt hinsichtlich der Qualifikationen eines Nachhilfelehrers, fehlt dem Agent zunächst einmal die Möglichkeit die Qualifikation des Nachhilfelehrers einfach zu überprüfen. Eine Studie von Jürgens und Diekmann im Auftrag des Studienkreises aus dem Jahre 2007 fand heraus, dass ein Viertel der Eltern keine Aussage über die Qualifikation des Nachhilfelehrers machen konnte (Dahmen u.a., 2008, S. 19). Wendet sich der *Prinzipal*, also der Nachhilfe suchende Auftraggeber an einen *Agenten*, also an ein Nachhilfeinstitut, dann hat er zunächst einmal den Informationsrückstand, dass er nicht weiß in wie fern die Nachhilfelehrer des *Agenten* den eigenen Qualitätsansprüchen gerecht werden können. Der *Agent*, der natürlich im Verdacht steht zunächst einmal kommerziellen Nutzen aus einem möglichen Vertragsabschluss ziehen zu wollen, wird was die Qualität seiner Lehrkräfte angeht wahrscheinlich keine negativen Aussagen formulieren. So könnte zum Beispiel ein *Prinzipal*, der einen Nachhilfelehrer für die Kombination Mathematik und Chemie sucht vom *Agenten* gesagt bekommen, dass ein solcher Lehrer schnell zu finden sei. Ein Beispiel für *Moral hazard* wäre es dann, wenn der *Agent* nachdem sein einziger guter Lehrer für diese Kombination einen anderen beruflichen Werdegang einlegt, keine großartige Anstrengung vornimmt einen neuen Lehrer zu finden. Ein anderes Beispiel wäre es, wenn der *Prinzipal* einen Lehrer bekommt, der die von ihm selbst erteilten Hausaufgaben seines Schülers nicht durchliest und somit nur unzureichend Tipps für Verbesserungen geben kann. Wenn der Nachhilfeschüler ohne den *Prinzipal* in der Nachhilfestunde sitzt, ergibt sich kaum die Möglichkeit für den *Prinzipal* die Qualität der Nachhilfe zu überprüfen. Da es in den meisten Nachhilfestunden aus anderen guten Gründen so ist, dass die Eltern nicht in den Stunden dabei sind ist dies ein geläufiges Problem. Diese konstruierten Situationsbeschreibungen dienen als Beispiele für *hidden action* und *moral hazard*.

Aber auch *hidden information* dürfte es in der Beziehung zwischen Nachhilfeinstitut und Nachfrager geben. Wendet sich der Nachfrager an das Nachhilfeinstitut mit dem Wunsch einen Lehrer zu bekommen, der dem Kind langfristig Nachhilfe gibt, dann kann das Nachhilfeinstitut natürlich auch einen Lehrer einsetzen, der wohlmöglich in wenigen Monaten schon nicht mehr für das Nachhilfeinstitut arbeiten kann, nur um den Kunden nicht zu verlieren. Es ist davon auszugehen, dass dies in der Realität ein häufiges Verhalten von Nachhilfeschulen darstellt, um den Kunden zunächst an sich zu binden. Ein anderes Beispiel wäre, wenn der Agent einen Lehrer einsetzt von dem er eigentlich weiß, dass dieser Lehrer nicht zu den Anforderungen des Prinzipals passt, weil er zurzeit keine Alternative hat. Die *hidden information* wäre also, dass er vor Vertragsabschluss seine Information im Form der eigentlichen nicht Eignung seiner Lehrer hat. Da der Prinzipal die Qualität der Nachhilfelehrer eigentlich nicht genau voneinander unterscheiden kann, müsste er nach dem Prinzip der *adversen Selektion* nun zum günstigsten Lehrer tendieren und dadurch würden teurere Anbieter vom Markt verschwinden.

5 Werkzeuge und Anbieter

Theoretisch gilt für den Nachhilfemarkt und die Beziehung zwischen Nachfrager und Anbieter also die Annahme, dass asymmetrische Informationsverteilung ein Problem darstellt und dass die kommerziellen Anbieter für Nachhilfe, gerade im Hinblick darauf, dass Sie im Vergleich zu den privaten Nachhilfelehrern mehr oder weniger langfristige Verträge anstreben, Instrumente anbieten müssten, die diesem Problem entgegen wirken.

Im Folgenden werden daher die beiden Marktführer Studienkreis und Schülerhilfe, aber auch Abacus und Tutoria, welches vor kurzem vom Studienkreis aufgekauft wurde, dahingehend betrachtet, ob Werkzeuge genutzt werden, die dazu führen könnten trotz asymmetrischer Informationsverteilung zu Vertragsabschlüssen zu kommen. Wenn der Agent versucht seine positiven Eigenschaften aufzuzeigen nennt man das *signaling*. Versucht der Prinzipal selbstständig die Qualität des Agenten zu überprüfen nenn man das *screening*.

5.1 Studienkreis (ohne Tutoria)

Das Unternehmen Studienkreis versucht direkt durch mehrere *Signale* das Problem der asymmetrischen Informationsverteilung zu umgehen. 2005 wurde mit dem „TÜV Rheinland" ein Qualitätsstandard formuliert, der seitdem immer für drei Jahre zertifiziert wird. Jeder Anbieter kann sich der Überprüfung unterziehen. Bis auf Studienkreis Filialen findet man aber keinen weiteren Anbieter, der sich zertifizieren ließ. Folgender Kriterienkatalog der Zertifizierung findet sich auf der Unternehmenswebseite des Studienkreises:

- „Lage, Zustand und Einrichtung der Immobilie
- Grad der individuellen Förderung der Kinder inkl. Erstberatung, Lernstandsbestimmung, fortlaufender Förderdokumentation und Kontakt zu den Fachlehrern

- Grad der Kundenbetreuung durch regelmäßige Elternkontakte und Lehrerwahlmöglichkeit

- Umfang der Lern- und Lehrmaterialien

- Vertragsgestaltung zwischen dem Institut und dem Kunden inkl. Form und darüber hinausgehende Dienstleistungen

- Grad der Professionalität und Qualifizierung von Institutsleitung, Lehrkräften und Angestellten

- Gestaltung der Organisation inkl. Verfügbarkeit der Institutsleitung, Datenverwaltung und Stundenplanung" (Studienkreis, 2015).

Des Weiteren wirbt der Studienkreis damit, dass vier von fünf Schülern mit einem Laufzeitvertrag sich nach sechs Monaten um mindestens eine Note verbessert hätten. Es werden jedoch keinerlei Hinweise auf die zur Grunde liegende Studie gegeben.

Zudem wird mit der Auszeichnung „Service Champion" geworben. Der Studienkreis wurde in einer Umfrage durch die Zeitung „Die Welt" und der „ServiceValue GmbH" Testsieger im Bereich Service bei den Nachhilfeunternehmen Testsieger im Jahr 2013 und 2014. Im Jahr 2012 hat die Zeitschrift „Guter Rat" die Online Nachhilfe von Nachhilfeunternehmen getestet und auch hier wurde der Studienkreis Testsieger. Auch damit wirbt der Studienkreis auf seiner Webseite

Der Studienkreis bietet seine potenziellen Kunden zudem an seinen Unterricht für vier Stunden kostenlos zu testen und vereinfacht dem *Prinzipal* somit das sogenannte *screening* (Studienkreis, 2015).

5.2 Schülerhilfe

Die Schülerhilfe lässt ihre Filialen seit 2006 durch den „TÜV Nord" zertifizieren. Die Norm ISO 9000 bzw. 9001 wurde anders als beim Studienkreis nicht extra für diesen Zweck entwickelt. Auch in diesem Fall gilt das ausgestellte Zertifikat für drei Jahre. Die Schülerhilfe möchte mit der Zertifizierung ein Qualitätsmanagementsystem dokumentieren, dass dem Kunden zeigt, dass die zertifizierten Standorte nach den gleichen Qualitätsstandards arbeiten und beispielsweise die Nachhilfelehrer nach den gleichen Kriterien qualifiziert und ausgewählt werden. Zudem werden Qualitätsstandards in Bereichen wie Unterricht, Beratung, Betreuung, Kundenzufriedenheit, Standorte und Immobilen geprüft (Dohmen u.a., 2008, S. 64).

Außerdem wirbt die Schülerhilfe mit verschiedenen Testsiegen, einige davon aber nur in Unterkategorien der Tests. Im Juli 2014 erreichte man in einem Vergleichstest von dem Magazin Focus Money in verschiedenen Bereichen sehr gute Ergebnisse, was werbewirksam in Szene gesetzte wird, obgleich man den Gesamttest keinesfalls gewinnen konnte. Einen Test vom Deutschen Institut für Service Qualität aus dem Jahre 2014 konnte ebenso gewonnen werden wie der Test „Nachhilfe Institute im Vergleich" im Jahre 2012 von „getestet.de". Zudem bewirbt man die Kundenzufriedenheit von 94 Prozent auf dem Bewertungsportal „eKomi". Wenn man sich jedoch die aktuelle Bewertung dort anschaut, dann steht die Schülerhilfe lediglich bei 78 Prozent (Ekomi, 2015).

Des Weiteren wird mit dem Slogan „5 weg, sonst Geld zurück" geworben. Hier erhält der Kunde sein Geld zurück, wenn der Schüler zum Ende des Schuljahrs seine Note mangelhaft nicht mindestens auf ein ausreichend steigern konnte. Dies allerdings gilt nur bei einer festen Vertragslaufzeit von sechs Monaten und mindestens 66 Stunden a 90 Minuten.

Auch die Schülerhilfe ermöglicht dem Kunden ein *screening* mit zwei kostenlosen Probestunden (schülerhilfe, 2015).

5.3   Abacus

Abacus wirbt mit einem Test von Infratest. Bei diesem Test konnten 79 Prozent der Kunden in einem Zeitraum von fünf bis sechs Monaten eine Notenverbesserung um mindestens eine Notenstufe erreichen. Außerdem wurde bei einer Kundenbefragung neben weiteren Dingen festgestellt, dass 91,4 Prozent der Schüler ihr Lernziel mit Abacus erreicht hätten. Anders als bei den anderen Anbietern ist der Test nicht verlinkt und somit nicht transparent. Des Weiteren kann man bei Abacus Verträge ohne Mindestlaufzeit abschließen (Abacus, 2015).

5.4 Tutoria

Tutoria gehört mittlerweile zu dem Unternehmen Studienkreis. Jedoch ist die Übernahme erst im August 2015 erfolgt und die Werkzeuge zur Überwindung asymmetrischer Informationsverteilung sind noch dieselben wie vor der Übernahme und zur Zeit wird das Geschäft noch unverändert fortgeführt.

Auch Tutoria wirbt mit der Kundenzufriedenheit auf der Bewertungsplattform „eKomi", wobei die Angaben die Tutoria macht anders als bei der Schülerhilfe mit denen auf der Bewertungsplattform übereinstimmen und aktuell 95 Prozent positive Bewertungen vorzuweisen sind. Zudem bietet Tutoria bei Unzufriedenheit einen Lehrerwechsel an und erstattet die ersten beiden Unterrichtsstunden sowie den ersten Monatsbeitrag (Tutoria, 2015)

6 Fazit

Asymmetrische Informationsverteilung ist auf dem Nachhilfemarkt, welcher in den letzten Jahren einen immer stärker werdenden Anteil an kommerziellen Anbietern zu verzeichnen hat vorzufinden und es gibt Versuche der kommerziellen Anbieter, den Agenten, durch *signalling* den Prinzipalen trotz dessen zum Vertragsabschluss zu bewegen. Gerade die kommerziellen Anbieter versuchen auf unterschiedlichste Werkzeuge zurück zu greifen um die Kunden von den eigenen Qualitäten zu überzeugen. Diese Form von *signalling* betreiben vor allem die beiden Marktführer Studienkreis und die Schülerhilfe sehr intensiv. Dies ist vor allem auf die Tatsache zurück zu führen, dass bei diesen Anbietern meist ein langfristiger Vertrag abgeschlossen wird und asymmetrische Informationsverteilung in diesem Fall besonders negative Auswirkungen auf einen etwaigen Vertragsabschluss haben kann. Dass fast alle Anbieter mit der Qualität ihrer Nachhilfelehrer werben, es aber kein objektives Qualitätsmerkmal für Nachhilfelehrer gibt, lässt den Schluss zu, dass es hier noch Verbesserungspotenzial ausgeschöpft werden könnte. Unternehmen, die auch oder nur Verträge ohne Mindestlaufzeit anbieten dürften nicht in diesem Ausmaß von den Problemen durch asymmetrische Informationsverteilung betroffen sein.

Quellenverzeichnis

Abacus (2015), (online) verfügbar unter: < www.abacus-nachhilfe.de>, letzter Zugriff: 27.09.2015

DOHMEN, Dieter, ERBES Annegret, FUCHS, Kathrin, GÜNZEL, Juliane (2008): „Was wissen wir über Nachhilfe? - Sachstand und Auswertung der Forschungsliteratur zu Angebot, Nachfrage und Wirkungen". FIBS, (online) verfügbar unter : <http://tu-dresden.de/die_tu_dresden/fakultaeten/erzw/erzwibf/sp/forschung/ganztagsschule/FIBS.pdf>, letzter Zugriff: 27.09.2015.

Ekomi The Feedback Company(2015), „Bewertung für Schülerhilfe", (online) verfügbar unter <https://www.ekomi.de/bewertungen-nachhilfe-schuelerhilfe.html> letzter Zugriff: 27.09.2015.

Ekomi The Feedback Company(2015), „Bewertung für Tutoria", (online) verfügbar unter < https://www.ekomi.de/bewertungen-tutoria.html> letzter Zugriff: 27.09.2015.

KLEMM, Klaus, KLEMM, Annemarie (2010): „Ausgaben für Nachhilfe –teurer und unfairer Ausgleich für fehlende individuelle Förderung", Bertelsmann Stiftung, (online) Verfügbar unter:<https://www.bertelsmann-stiftung.de/fileadmin/files/BSt/Publikationen/GrauePublikationen/GP_Ausgaben_fuer_Nachhilfe.pdf> letzter Zugriff: 27.09.2015.

Schneider, Thorsten (2004), „Nachhilfe als Strategie zur Verwirklichung von Bildungszielen. Eine empirische Untersuchung mit Daten des Soziooekonomischen Panels (SOEP)", DIW – Diskussionspapiere, No. 447 (online) verfügbar unter:http://www.diw.de/documents/publikationen/73/diw_01.c.42557.de/dp447.pdf, letzter Zugriff: 27.09.2015.

Schülerhilfe (2015), (online) verfügbar unter: <www.schuelerhilfe.de>, letzter Zugriff: 27.09.2015

Studienkreis (2015), (online) verfügbar unter: <www.studienkreis.de>, letzter Zugriff: 27.09.2015

Tutoria (2015), (online) verfügbar unter: <www.tutoria.de>, letzter Zugriff: 27.09.2015

Abbildungsverzeichnis

Bertelsmann Stiftung (2010): „Ausgaben für Nachhilfe – teurer und unfairer Ausgleich für feh-lende individuelle Förderung", (online) verfügbar unter: <http://www.bertelsmann-stif-tung.de/fileadmin/files/BSt/Presse/imported/downloads/xcms_bst_dms_30726_30781_2.jpg>, letzter Zugriff: 27.09.2015.